Sabine Thor-Wiedemann

ABSOLUTE MÄDCHENSACHE

99 Fragen und Antworten für Mädchen

Ravensburger Buchverlag

Inhalt

Die Pubertät: Jetzt geht sie los   4
Körperliche Veränderungen und Aussehen   6

Tagebuch, Freundinnen und Stimmungen   10

Selbstvertrauen, Geheimnisse und Mobbing   12

Etwas ganz Besonderes: dein weiblicher Körper   14
Weibliche Geschlechtsorgane   16

Wie entsteht ein Baby?   19

Busen und BH   22

Jeden Monat neu: die Regel   24
Die Tage – ganz natürlich   26

Binden oder Tampons?   27

Hilfe bei Regelschmerzen   31

Das tut dir und deinem Körper gut   32
Körperpflege   34

Schönheit und Klamotten   39

Wohlfühltipps   41

Wie ticken Jungs? 42

Körperliche Veränderungen in der Pubertät 44

Männliche Geschlechtsorgane 45

So denken Jungen 47

Liebe und Sex 48

Küssen, Schmusen, Petting 51

Das „erste Mal" 56

Verhütung und Frauenarzt 58

Deine Rechte, deine Pflichten 66

Ausgehen 68

Rauchen und Alkohol 69

Taschengeld und Jobben 70

Was bedeutet …? Fachbegriffe kurz erklärt 75

Infos und Hilfe im Internet 78

DIE PUBERTÄT: JETZT GEHT SIE LOS

Hast du schon bemerkt, wie sich dein **Körper** verändert? Deine Brust ist nicht mehr ganz flach, ein kleiner Busen beginnt zu wachsen. Du wächst auf einmal schneller, deine Haare werden fettiger und vielleicht hast du seit Neuestem auch mit Pickeln zu kämpfen. Dein Körper wird plötzlich ein Thema: Bin ich zu groß oder zu klein, zu dünn oder zu dick? Bin ich eigentlich **hübsch?**

Auch deine Gefühle werden intensiver: Glück, Traurigkeit, Wut, Eifersucht, Liebe, Einsamkeit ... All diese Empfindungen rütteln dich jetzt manchmal ziemlich durcheinander. Da fällt es schwer, immer fröhlich und ausgeglichen zu sein.

Diese körperlichen und seelischen **Veränderungen** werden von Hormonen ausgelöst, die im Körper Nachrichten an die Organe überbringen. Noch bevor sich dein Körper verändert, gibt die Hirnanhangdrüse (Hypophyse) im Gehirn das Startsignal für die Pubertät: Sie bildet Geschlechtshormone, die mit dem Blut zu den Eierstöcken gelangen. Und dort werden dann Östrogene gebildet, also weibliche Geschlechtshormone, die dich vom Mädchen zur Frau werden lassen.

Absolute Mädchensache

Wieso sind Mädchen plötzlich größer als Jungen?

Mädchen sind einfach ungefähr 2 Jahre früher dran mit der Pubertät. Die Hormone sorgen für einen kräftigen **Wachstumsschub**, meistens so mit 10 oder 11 Jahren. Dann wachsen die Mädchen den Jungs vorübergehend über den Kopf. Dafür hören sie aber auch früher wieder auf zu wachsen (die meisten sind mit 15 schon ausgewachsen). Wenn dann die Jungen ungefähr mit 12 oder 13 in die Pubertät kommen, ziehen die meisten in der Größe an den Mädchen vorbei. Jungen sind häufig erst mit 18 ausgewachsen.

Werde ich zu groß?

Viele Mädchen machen sich Sorgen, dass sie „zu groß" werden. Wenn man die Jungs nur noch von oben sieht, wirkt es manchmal wirklich so, als sei man auf dem Weg zur **Riesin**. Nach der ersten Monatsblutung verlangsamt sich das Wachstum aber wieder. Insgesamt kommen dann noch ungefähr 6 bis 8 Zentimeter Körperlänge hinzu. Etwa 1 bis 3 Jahre nach der ersten Regel sind die meisten Mädchen ausgewachsen. Und: Schau dich mal in deiner Familie um. Sind deine Eltern und Verwandten durchschnittlich groß? Dann wird das bei dir voraussichtlich auch so sein.

Wann verändert sich mein Körper?

Menschen sind verschieden: groß oder klein, dick oder dünn, sie haben glatte Haare oder Locken, blaue Augen oder braune ... Genauso **unterschiedlich** ist auch der Start in die Pubertät. Manche Mädchen bekommen schon mit 8 Jahren einen Busen, andere erst mit 14. Die Schamhaare wachsen bei einigen schon mit 9, andere sind mit 15 noch fast unbehaart. Und auch die erste Regelblutung kann mit 9 oder 16 Jahren kommen. Die Tabelle zeigt, in welchem **Alter** die verschiedenen körperlichen Veränderungen anfangen können. Wenn es bei dir deutlich früher oder später losgeht, kannst du sicherheitshalber deinen Kinderarzt fragen, ob alles in Ordnung ist.

	8 Jahre	9 Jahre	10 Jahre	11 Jahre	12 Jahre	13 Jahre	14 Jahre	15 Jahre	16 Jahre
Busen beginnt zu wachsen	x	x	x	x	x	x	x		
Erste Schamhaare		x	x	x	x	x	x	x	
Erste Regelblutung		x	x	x	x	x	x	x	x
Erste Achselhaare			x	x	x	x	x	x	

Absolute Mädchensache

Bin ich schön?

Jede Wette – du selber findest das nicht. Die meisten Mädchen sind in der Pubertät mit ihrem **Aussehen** unzufrieden. Es ist ja auch nicht einfach: Hände und Füße wachsen schneller als der Rest des Körpers, die Haut spielt verrückt, die Haare sind strähnig. Viele Mädchen finden sich jetzt zu dick. Unter dem Einfluss der Hormone werden die Hüften breiter und die Oberschenkel kräftiger. Aber das hat nichts mit Dickwerden zu tun! Männer haben normalerweise breite Schultern und schmale Hüften, während Frauen runde Hüften und schmale Schultern haben. Und genau das finden die Jungs **schön**!

Wenn du dir Zeitschriften und Model-Shows im Fernsehen ansiehst, bekommst du einen ganz falschen Eindruck. Die Models dort sind oft untergewichtig, mit schmalen Hüften und dünnen Beinen. So dünne Mädchen haben normalerweise wenig Busen, ihre tolle Oberweite ist manchmal das Ergebnis einer Brustoperation. Außerdem werden die Fotos in Zeitschriften bearbeitet: Jedes Pickelchen im Gesicht und jede kleine Delle im Oberschenkel werden weggemogelt. Du würdest dich wundern, wie die Models in **Wirklichkeit** aussehen!

Wenn du mit deinem Aussehen unglücklich bist, bitte doch deine Freundinnen, eine Liste zu machen, was sie an dir schön finden. Vielleicht wusstest du gar nicht, dass du wunderschöne Augen hast? Oder dass du besonders nett lächelst? Die anderen finden dich attraktiv, weil du sympathisch bist. Schönheit ist mehr als tolle Haare oder eine makellose Haut: Auf die **Ausstrahlung** kommt es an!

Die Pubertät: Jetzt geht sie los

Wie reagiere ich auf blöde Sprüche von Jungen?

Sobald sich bei einem Mädchen in der Pubertät der Körper verändert, gibt es immer ein paar Jungs, die das mit abfälligen Bemerkungen kommentieren. Das reicht von „He, wie ist die Luft da oben?", wenn ein Mädchen größer ist als die anderen, bis zu „Geile Möpse!", wenn der Busen wächst. Wer sich klein macht und nichts sagt, wird immer wieder angemacht. Doch wie kannst du dich **wehren?** Probier's doch mal mit: „Werd erst mal erwachsen, Kleiner!" Oder vielleicht: „Lass mich in Ruhe, kümmer dich um deinen eigenen Kram!" **Spaß** macht es auch, wenn du mit deinen Freundinnen zusammen überlegst, welche **Sprüche gegen Anmache** am besten wirken.

Kann ich meinen Busen verstecken?

Vielen Mädchen ist es **peinlich**, wenn man den ersten Busenansatz unter dem Shirt sieht – ganz besonders, wenn sie früh dran sind mit der Pubertät und alle anderen noch eine flache Brust haben. Wenn es dir so geht, solltest du keine eng sitzende, dünne oder durchsichtige Kleidung tragen. Im Sportunterricht kannst du mit einem fest sitzenden Oberteil (gibt es im Sportgeschäft) verhindern, dass der Busen wackelt und Blicke auf sich zieht.

Wie denken kleine Mädchen – und wie Frauen?

Kinder sehen sich selbst als den Mittelpunkt der Welt. Sie tragen keine Verantwortung und werden von allen Seiten umsorgt. In der Pubertät, auf dem Weg zur erwachsenen Frau, verändert sich deine **Haltung**: Du möchtest mehr Verantwortung übernehmen und lernst immer besser, auf die Bedürfnisse anderer Rücksicht zu nehmen.

> Ich kann auch geben und muss nicht immer als Erste drankommen. Die Welt kreist nicht nur um mich. Ich überlege, bevor ich etwas tue oder sage. Ich übernehme Verantwortung für meine Fehler. Ich versuche zu verstehen, wie andere sich fühlen.

> Alle sollen mir etwas geben: Schokolade, Aufmerksamkeit und Zeit. Die anderen sind schuld. Ich war das nicht. Ich bin die Hauptperson. Ich mach, was mir gerade einfällt. Mir ist egal, wie es anderen geht.

Hilft ein Tagebuch bei Kummer?

Auf jeden Fall! Denn wenn du deine Sorgen und Ängste aufschreibst, kannst du deine Probleme genau benennen – und das ist oft der erste Schritt zur Lösung. Ein Tagebuch hilft, dir über deine Gefühle klar zu werden. In schlechten und in guten Zeiten!

Meine Freundin ist verliebt – bin ich ihr nicht mehr wichtig?

Die beste Freundin ist für viele Mädchen ganz wichtig. Es tut weh, wenn sie sich in einen Jungen verliebt und nur noch Augen für ihn hat. Besonders, wenn du selber noch nie verliebt warst. Du fühlst dich abgeschoben, bist **eifersüchtig** und traurig. Es fällt schwer, der Freundin ihre Verliebtheit zu gönnen. Sauer reagieren und vor lauter Enttäuschung nichts mehr von der Freundin wissen wollen, ist aber keine gute Lösung. Sag ihr am besten in aller Ruhe, wie du dich fühlst und dass du gern weiter mit ihr zusammen sein möchtest. Vielleicht ist ihr in ihrer Verliebtheit gar nicht aufgefallen, dass sie dich vernachlässigt. Wenn es dir schwerfällt, mit ihr zu sprechen, kannst du ihr auch einen Brief schreiben.

Wohin mit meiner schlechten Laune?

In der Pubertät bist du manchmal **genervt**, schlecht drauf, ungerecht – und weißt selber nicht warum. Streit mit anderen ist dann natürlich vorprogrammiert. Aber es gibt etwas, das eigentlich immer gegen schlechte Laune hilft: **Bewegung!** Mach deine Lieblingsmusik an und tanz dazu. Geh mit dem Hund raus oder eine Runde joggen. Oder räum dein Zimmer um. Und wenn du richtig wütend bist: Box ins Kopfkissen, bis du nicht mehr kannst.

Absolute Mädchensache

Wem kann ich vertrauen?

In der Pubertät haben Mädchen oft neue, ungewohnte Fragen und Probleme: Beziehungsstress mit Freunden oder der Familie, Schulprobleme, die erste Liebe oder Unsicherheiten wegen körperlicher Veränderungen. Bei vielen Mädchen sind die Eltern, vor allem die Mutter, die ersten **Ansprechpartner**. Doch nicht immer möchtest du alles mit deinen Eltern besprechen. Dann ist es gut, wenn du noch andere Menschen kennst, denen du vertraust. Das kann zum Beispiel eine ältere Freundin, die Schwester oder Tante, eine Nachbarin oder eine Lehrerin sein. Eigentlich jede Frau, die dir aufmerksam **zuhört** und deine Probleme ernst nimmt. Wenn du niemanden kennst, kannst du auch beim kostenlosen Kinder- und Jugendtelefon „Nummer gegen Kummer" anrufen: (0800) 1110333.

Darf ich Geheimnisse weitererzählen?

Ganz klar: **nein**. Was dir jemand im Vertrauen erzählt, musst du für dich behalten. Es gibt jedoch ein großes „Aber": Wenn du erfährst, dass jemand gemobbt, misshandelt oder sexuell missbraucht wird, oder wenn du in Aktionen eingeweiht wirst, die anderen schaden sollen, gilt das nicht mehr. Meistens hat man ein ganz gutes Gefühl dafür, was weitererzählt werden darf und was nicht. Wenn du ein **schlechtes Gefühl** hast, wende dich so schnell wie möglich an einen Erwachsenen. Das ist dann kein „Verrat", sondern Hilfe für einen Schwächeren.

Was ist Cybermobbing?

Mobbing ist alles, womit man andere grundlos fertigmachen will: hänseln, lächerlich machen, demütigen, drohen, erpressen ... Niemand ist davor sicher, nicht mal das beliebteste, schönste und intelligenteste Mädchen, das du dir vorstellen kannst. Mobbing kann überall passieren: in der Schule, auf dem Schulweg oder in der Freizeit. Cybermobbing, also das Mobben im Internet (z. B. in Foren, Chatrooms oder auf Facebook), per E-Mail oder SMS, ist aber oft noch schlimmer. Denn hier können die feigen Täter unerkannt bleiben. Das heißt, man hat vielleicht einen Verdacht, wer dahintersteckt, kann es aber nicht so ohne Weiteres beweisen.

Wenn du ein Opfer von Cybermobbing bist, kannst du dich aber **wehren**. Das Wichtigste ist, dass du nicht versuchst, alleine damit fertigzuwerden. Denn genau darauf vertrauen die Täter: dass es dir zu peinlich ist, andere einzuweihen. Aber du brauchst **Hilfe**, um das Mobbing zu stoppen. Sprich mit deinen Eltern, dem Klassen- oder Vertrauenslehrer (denn oft steckt jemand aus der Schule hinter den fiesen Angriffen) und mit deinen Freunden. Du kannst Mobbing bei der Polizei anzeigen. Dafür brauchst du Beweise: Speichere beleidigende Kommentare auf deinem Computer und drucke sie aus. Die Täter können dann über ihren Internet- oder Telefonanbieter gefunden werden. Viele **Tipps** findest du auch unter: www.mobbing-schluss-damit.de.

Absolute Mädchensache

ETWAS GANZ BESONDERES: DEIN WEIBLICHER KÖRPER

In der Pubertät passiert etwas **Unglaubliches**: Dein Kinderkörper verwandelt sich und in einigen Jahren wirst du eine erwachsene Frau sein. Die meisten weiblichen Geschlechtsorgane hast du schon seit deiner Geburt: die Scheide, die Gebärmutter, die Eierstöcke. Weil sie versteckt im Bauch liegen, sind sie dir noch nie aufgefallen. Erst wenn du dich äußerlich veränderst, einen Busen bekommst, wird dir wirklich bewusst, dass du **auf dem Weg zur Frau** bist.

Manche Mädchen können es kaum abwarten, bis sie weibliche Formen entwickeln. Andere würden lieber noch eine Weile ein Kind bleiben. Denn es ist manchmal nicht leicht, sich mit einem Körper anzufreunden, der sich so stark verändert. Zum Glück hast du aber **viel Zeit**. Es dauert ungefähr 4 oder 5 Jahre, bis die körperliche Entwicklung abgeschlossen ist.

Und dann wirst du sehen, wie **schön** du geworden bist! Du kannst Lust und Freude an deinem ganz und gar weiblichen Körper empfinden. Du kannst **stolz** sein auf deinen schönen Busen, auf deine sanft gerundeten Hüften und deinen sexy Po. Und irgendwann, wenn du es möchtest, kannst du als Frau neues Leben in die Welt bringen und ein Baby bekommen.

Absolute Mädchensache

Wie sehe ich zwischen den Beinen aus?

Jungs haben ihren Penis jeden Tag in der Hand. Aber Mädchen wissen oft gar nicht so genau, was sich zwischen ihren Beinen verbirgt. Am besten machst du es dir auf deinem Bett gemütlich und schaust dir deinen Intimbereich mit einem **Handspiegel** an. Die Abbildung zeigt dir, was da zu sehen ist: die **äußeren Geschlechtsorgane**. Um alles genau zu erkennen, musst du die Hautfalten (Schamlippen) ein bisschen mit den Fingern auseinanderziehen. Die großen und kleinen **Schamlippen** schützen die Öffnung der Harnröhre und den **Scheideneingang**. Wenn du aufs Klo gehst, kommt der Urin aus der Harnröhre, der Stuhl aus dem After (Anus). Ganz vorne zwischen den kleinen Schamlippen liegt der **Kitzler** (Klitoris), ein kleiner Knubbel mit vielen Nerven darin. Wenn er gerieben oder gedrückt wird, fühlt sich das lustvoll und erregend an.

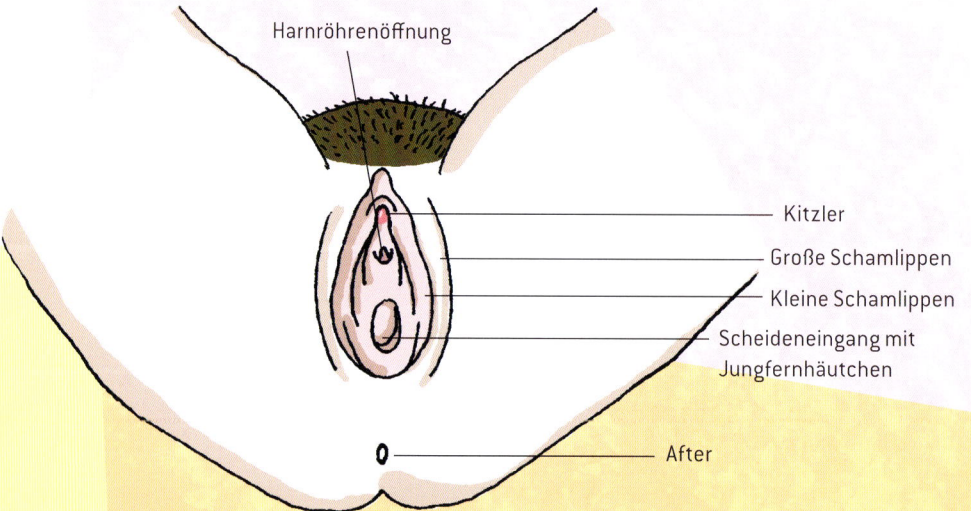

Etwas ganz Besonderes: dein weiblicher Körper

Schließt das Jungfernhäutchen den Scheideneingang ab?

Manche Mädchen glauben, das sie wegen des Jungfernhäutchens (Hymen) keinen Tampon benutzen können, bevor sie mit einem Jungen geschlafen haben. Das stimmt aber nicht: Das Häutchen verschließt den Scheideneingang **nicht vollständig**, sonst könnte bei der Regel ja das Blut gar nicht abfließen. Du kannst also einen Tampon verwenden – auch vor dem „ersten Mal". Manchmal kann auch dabei das Häutchen einreißen.

Was ist der Kitzler?

Der Kitzler (Klitoris) ist wichtig, um beim Sex Lust empfinden zu können. Er enthält viele Nerven und ist deshalb sehr empfindlich. Wird er gestreichelt und gedrückt, fühlt sich das kribbelig und schön und **lustvoll** an. Die Bewegung des Penis in der Scheide alleine reicht Mädchen nicht immer, um Spaß am Sex zu haben. Ein bisschen mehr dazu erfährst du auf Seite 55.

Welche Geschlechtsorgane kann man nicht sehen?

Mädchen haben eine Scheide, eine Gebärmutter, zwei Eileiter und zwei Eierstöcke, damit sie später Babys bekommen können. Sie liegen geschützt im Becken.

Beim Sex ergießt sich die Samenflüssigkeit (Sperma) des Mannes in die **Scheide** (Vagina). Von dort schwimmen Samenzellen in die Gebärmutter und weiter in die Eileiter, wo sie eine Eizelle der Frau befruchten können. Der **Muttermund** hält bei einer Schwangerschaft die Gebärmutter geschlossen. Bei der Geburt öffnet er sich durch die Wehen. In der **Gebärmutter** (Uterus) kann über 9 Monate ein Baby heranwachsen. Bei der Geburt ziehen sich die Muskeln in der Gebärmutter zusammen (Wehen) und schieben das Baby durch die Scheide nach draußen.

Die **Eileiter** sind die Verbindung zwischen Gebärmutter und Eierstöcken (Ovarien). Das offene Ende des Eileiters fängt nach dem Eisprung die Eizelle aus dem Eierstock auf. In den **Eierstöcken** reift jeden Monat eine Eizelle heran, die befruchtet werden kann.

Etwas ganz Besonderes: dein weiblicher Körper

Wie entsteht ein Baby?

Ungefähr alle 4 Wochen gibt es einen Eisprung, der von Hormonen ausgelöst wird. Das heißt, am Eierstock platzt ein Bläschen, aus dem eine reife Eizelle in die Bauchhöhle geschleudert wird. Das offene Ende des Eileiters fängt das Ei auf. Es dauert ein paar Tage, bis die Eizelle durch den Eileiter in die Gebärmutter gewandert ist. Wenn man in dieser Zeit miteinander schläft (mehr dazu ab Seite 55), kann eine Samenzelle (Spermium) des Mannes in die Eizelle eindringen, man nennt das **Befruchtung**.

Die befruchtete Eizelle beginnt sich sofort zu teilen, sodass eine kleine Kugel aus ungefähr 50 Zellen in der Gebärmutter ankommt. Dort nistet sie sich in der Schleimhaut ein, die zum Zeitpunkt des Eisprungs besonders dick und gut durchblutet ist. Aus der Zellkugel wird ein **Embryo**, der nach 2 Monaten ungefähr 4 Zentimeter lang ist. Alles, was er zum Leben braucht, bekommt er über die Nabelschnur, die über den Mutterkuchen (Plazenta) mit dem Blutkreislauf der Mutter verbunden ist. Deshalb ist es auch so wichtig, dass Schwangere keinen Alkohol trinken und nicht rauchen.

Nach 3 Monaten ist der Embryo rund 8 Zentimeter lang, seine Organe, zum Beispiel das Herz, sind schon vorhanden, müssen aber noch wachsen. Ab dem 5. Monat kann die Mutter die Bewegungen des Kindes spüren. Bei der **Geburt** sind die meisten Babys rund 50 Zentimeter lang und wiegen zwischen 3 und 4 Kilo.

Was passiert mit einem unbefruchteten Ei?

Aus den gut **400 Eizellen**, die im Laufe des Lebens für eine mögliche Befruchtung heranreifen, entstehen nur sehr wenige Babys. Die restlichen Zellen gehen zugrunde. Das bedeutet, dass sie schrumpfen und ihre Reste von anderen Zellen des Körpers „gefressen" und abgebaut werden.

Wie passt ein Baby in die kleine Gebärmutter?

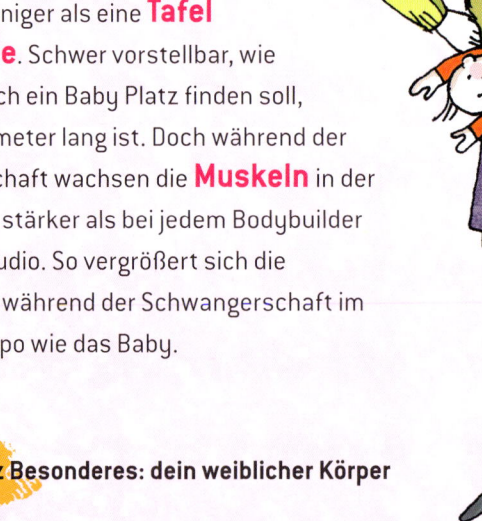

Die Gebärmutter ist normalerweise nur so groß wie eine **kleine Birne** und wiegt weniger als eine **Tafel Schokolade**. Schwer vorstellbar, wie hier schließlich ein Baby Platz finden soll, das 50 Zentimeter lang ist. Doch während der Schwangerschaft wachsen die **Muskeln** in der Gebärmutter stärker als bei jedem Bodybuilder im Fitnessstudio. So vergrößert sich die Gebärmutter während der Schwangerschaft im gleichen Tempo wie das Baby.

Haben schon kleine Mädchen Eizellen?

Ja, **tatsächlich**. Schon ein weibliches Baby hat mehrere Hunderttausend unreife Eizellen in den Eierstöcken. Die meisten davon werden niemals gebraucht – oder kannst du dir eine Mutter mit 100.000 Kindern vorstellen? Im Laufe des Lebens reifen 400 bis 500 Eizellen heran, die befruchtet werden könnten. Sehr verschwenderisch, oder? Aber die Natur will eben möglichst viele Chancen bieten, damit **genügend Babys** geboren werden.

Absolute Mädchensache

Besteht der Busen aus Fett?

Nur zum Teil. Überwiegend besteht der Busen aus **Milchdrüsen**. Deshalb fühlt er sich auch nicht ganz glatt, sondern ein bisschen knubbelig an. Es kann auch sein, dass du richtige Knötchen spürst, wenn du deine Brust abtastest – besonders in den Tagen vor der Regelblutung. Das ist völlig normal. Nach der Periode fühlt sich der Busen dann wieder glatter an.

Ist ein großer Busen „weiblicher"?

Je nach Trend ist mal viel und mal wenig Busen gefragt. Doch dein Körper ist keine **Modeerscheinung**, sondern Teil deiner ganz eigenen Persönlichkeit. Es stimmt nicht, dass alle Jungen einen großen Busen schön finden. Wie groß oder klein der Busen ist, hat außerdem nichts damit zu tun, wie schön es sich anfühlt, wenn er gestreichelt wird. Und ob du später ein Baby stillen kannst, hat mit der Busengröße nichts zu tun.

Etwas ganz Besonderes: dein weiblicher Körper

Meine eine Brust ist größer als die andere – ist das normal?

In der Pubertät haben deine beiden Brüste manchmal ein unterschiedliches Wachstumstempo. Aber keine Sorge: Das gleicht sich im Laufe der Zeit wieder weitgehend aus. Allerdings gibt es auch nur sehr wenige erwachsene Frauen, die exakt gleich große Brüste haben. Das ist genauso wie bei den Füßen oder den Augen: Auch hier findest du immer **kleine Seitenunterschiede**.

Brauche ich schon einen BH?

Das hängt allein davon ab, ob du dich mit oder ohne BH wohler fühlst. Viele Mädchen stört es, wenn sich der Busen zu stark bewegt oder – zum Beispiel beim Sport – an der Kleidung reibt. Den ersten BH kaufst du am besten dort, wo dich eine Verkäuferin berät. Das muss dir nicht peinlich sein, sie macht das jeden Tag. Damit der BH gut sitzt, ist die **richtige Größe** wichtig. Dazu wird der **Brustumfang** unter dem Busen gemessen (das ist die BH-Größe, z. B. 65 oder 70) und je nach Größe des Busens die richtige **Körbchengröße** bestimmt (z. B. A oder B).

JEDEN MONAT NEU: DIE REGeL

Irgendwann in der Pubertät ist es so weit: Du bekommst die erste Monatsblutung. Es gibt viele Ausdrücke dafür: Periode, Regel, Regelblutung, Monatsblutung, die Tage, Menstruation … Viele Mädchen haben zunächst etwas Angst davor, ihre Tage zu bekommen. Aber nach einer Weile fühlt es sich **ganz normal** an. Die Regelblutung zeigt, dass dein Körper bestens funktioniert und dass du ab jetzt schwanger werden könntest. Und darauf kannst du **stolz** sein!

Aber der Reihe nach: Jeden Monat baut sich in der Gebärmutter eine weiche Schleimhaut auf, die im Falle einer Schwangerschaft zum „Nest" für das entstehende Baby wird. Wird das Nest nicht gebraucht, weil keine Eizelle befruchtet wurde, verflüssigt sich die obere Schicht der Schleimhaut und fließt mit der Regelblutung durch die Scheide ab. Kurz danach wächst eine neue Schleimhaut heran, damit wieder alles vorbereitet ist. Man nennt diesen ständigen Auf- und Abbau der Schleimhaut den **Zyklus** (Menstruationszyklus). Und obwohl die Blutung ja eigentlich der Endpunkt dieser Vorgänge ist, wird der 1. Tag der Blutung als 1. Zyklustag bezeichnet. Die Blutung hält normalerweise 3 bis 5 Tage an.

Ein Zyklus dauert ungefähr 28 Tage. Bei jungen Mädchen sind die Zyklen aber oft noch sehr unregelmäßig.

Absolute Mädchensache

Wann bekomme ich meine erste Regel?

Ganz genau weiß man das nicht im Voraus. Die meisten Mädchen haben ihre erste Monatsblutung **mit ungefähr 12 Jahren**. Viele aber auch schon mit 10 oder erst mit 14. Ärzte sprechen von „zu früh", wenn sie vor dem 8. Geburtstag eintritt, und von „zu spät", wenn ein Mädchen mit 16 noch nicht die Regel hat. Wenn du bemerkst, dass in deiner Unterhose immer häufiger ein bisschen weißer oder gelblicher Schleim zu sehen ist, wird deine Monatsblutung voraussichtlich innerhalb eines Jahres beginnen.

Was tun, wenn mich die erste Regel unterwegs überrascht?

Meistens kündigt sich die Blutung vorher mit einem **ungewohnten Ziehen** im Unterleib an. Wenn du das merkst, solltest du sicherheitshalber eine Binde mitnehmen. Normalerweise kommt aber **nicht gleich** ein Schwall **Blut**, sondern nur ein bisschen bräunlicher Ausfluss. Du kannst dann erst mal ein paar Lagen Klopapier oder ein gefaltetes Papierhandtuch in die Unterhose legen, bis du Binden oder Tampons organisiert hast. Du brauchst auch keine Hemmungen zu haben, auf einer öffentlichen Toilette Frauen oder Mädchen anzusprechen, ob sie dir mit einer Binde aushelfen können.

Binden oder Tampons?

Beide haben Vor- und Nachteile. Du kannst **ausprobieren**, was dir besser gefällt. Das Gute an Binden: Du klebst sie einfach in den Slip, das war's. Und du kannst jederzeit nachschauen, ob sie schon gewechselt werden müssen. Die Nachteile: Unter enger Kleidung sieht man sie, und Reservebinden lassen sich nicht einfach – wie Tampons – in die Hosentasche stecken. Und: Eine vollgesaugte Binde fühlt sich nass an und kann riechen. Tampons sind unauffällig, man spürt sie nicht und kann jeden Sport damit machen – sogar schwimmen. Allerdings braucht man ein bisschen Übung beim Einführen.

Was ist die richtige Tampongröße?

Am **Anfang** nimmst du am besten die **kleinste Größe.** Wenn du eine starke Blutung hast und den Tampon schon nach ungefähr 2 Stunden wechseln musst, solltest du die nächste Größe probieren. Die Tampongröße hängt nicht von der Weite der Scheide ab (die ist ja sehr dehnbar), sondern von der Stärke der Blutung. Wenn du eine schwache Blutung hast und einen großen Tampon benutzt, saugt er sich nicht richtig voll. Ein trockener Tampon lässt sich nicht so leicht entfernen. Es ist unangenehm, wenn man so stark ziehen muss. Aber keine Sorge: Das Rückholbändchen reißt nicht ab.

Wie benutzt man einen Tampon?

Am besten übst du schon in aller Ruhe, bevor du deine Tage bekommst. Besorg dir Tampons in der kleinsten Größe und lies genau die Gebrauchsanweisung. Es gibt Tampons mit und ohne Einführhülse, **probier einfach aus**, welche du besser findest. Leg dich bequem auf den Rücken und stell die Beine hoch. Oder du stellst ein Bein auf einen Stuhl. Versuch zuerst mal, den Zeigefinger in die Scheide zu schieben (Nägel vorher kurz schneiden!). So bekommst du ein Gefühl, wo die Öffnung ist und in welche Richtung du den Tampon führen musst. Und so geht's:

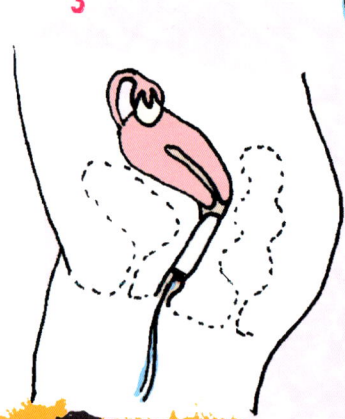

1 Du nimmst den Tampon aus der Hülle, steckst den Zeigefinger in die Kuhle am Ende und hältst mit dem Daumen und Mittelfinger den Tampon fest.

2 Jetzt führst du den Tampon in die Scheide ein und schiebst ihn schräg nach hinten und nach oben. Bei Tampons mit Einführhülse wird stattdessen die Papphülse eingeführt.

3 Der Tampon sitzt richtig, wenn du ihn nicht mehr spürst. Achte darauf, dass das Rückholbändchen außen bleibt.

Zum Üben kannst du den Tampon mit Creme einreiben.

Jeden Monat neu: die Regel

Wie oft muss ich den Tampon wechseln?

Das hängt von der **Stärke der Blutung** ab. In den ersten beiden Tagen brauchst du vielleicht alle 3 oder 4 Stunden einen neuen Tampon, die restlichen Tage der Menstruation reicht es möglicherweise, ihn nur 2- oder 3-mal am Tag zu wechseln. Viele Mädchen benutzen am Anfang der Periode **größere Tampons** als gegen Ende. In den letzten 1 oder 2 Tagen brauchst du über Nacht möglicherweise gar keinen Schutz. Um festzustellen, ob der Tampon vollgesaugt ist, kannst du leicht am Bändchen ziehen: Gleitet der Tampon ganz leicht aus der Scheide, ist es Zeit für einen neuen. Sitzt er ziemlich fest, ist es noch zu früh. Wenn du auf die Toilette gehst und den Tampon noch nicht wechseln willst, hältst du das Bändchen am besten zur Seite, damit es nicht nass wird.

Kann man während der Regel schwanger werden?

Das ist zwar unwahrscheinlich, aber **nicht ganz ausgeschlossen**. Der Eisprung findet zwar normalerweise nicht so früh im Zyklus statt. Aber: Samenzellen (Spermien) überleben im weiblichen Körper bis zu 5 Tage. Wenn man also beispielsweise am vierten Zyklustag (also dem 4. Tag der Menstruation) miteinander schläft und am 9. Tag findet ein sehr früher Eisprung statt, dann warten befruchtungsfähige Spermien im Eileiter auf die Eizelle. So kann ein Baby entstehen.

Absolute Mädchensache

Kann ich während der Regel verbluten?

Nein! Manche Mädchen haben zwar stärkere Blutungen als andere, doch normalerweise verliert man während der Tage insgesamt nur ungefähr 3 Löffel voll Blut. Das ist **nicht gefährlich**. Aber natürlich muss der Körper diesen Verlust ersetzen und dafür braucht er genügend Eisen. Eisen ist vor allem in Fleisch enthalten. Wenn du kein Fleisch magst, solltest du reichlich andere eisenreiche Lebensmittel essen, z. B. Vollkornprodukte, Hülsenfrüchte (etwa Bohnen oder Erbsen) und Nüsse.

Darf ich schwimmen und Sport machen?

Das ist **kein Problem**. Bewegung hilft sogar gegen miese Stimmung und Unterleibskrämpfe, unter denen manche Mädchen während der Regel leiden. Allerdings solltest du dann Tampons und keine Binden benutzen. Binden können beim Sport verrutschen und scheuern. Wenn ein Tampon richtig sitzt, spürst du ihn auch beim Sport nicht. Und wenn du schwimmen möchtest: Einfach vor und nach dem Baden einen frischen Tampon einführen. Wenn du das Rückholbändchen des Tampons vorher mit etwas Creme einfettest, liegt es nicht unangenehm nass in der Bikinihose, wenn du aus dem Wasser kommst.

Was kann ich gegen Regelschmerzen tun?

Viele Mädchen merken kaum etwas von ihrer Periode. Es gibt jedoch Mädchen, die fühlen sich kurz vor der Regel nicht wohl: Sie haben Kopfschmerzen, der Busen spannt und sie sind schlecht gelaunt. Man nennt das PMS (Prämenstruelles Syndrom). Meistens macht sich die Regel nur durch ein leichtes Ziehen im Bauch bemerkbar. Richtige Unterleibskrämpfe sind zum Glück selten und lassen normalerweise am 2. Tag schon nach.

Gegen das Ziehen im Unterleib hilft vor allem **Wärme**. Wenn es geht, leg dich warm eingekuschelt – mit einer Wärmflasche auf dem Bauch – ins Bett. Oder nimm ein heißes Bad, das entspannt. Noch besser wirkt das Bad, wenn du einige Tropfen Lavendel- oder Orangenöl dazugibst. Achte darauf, dass deine Füße warm sind. Kalte Füße führen zu Verkrampfungen im Unterleib. Zieh während deiner Tage warme Socken an oder nimm ein heißes Fußbad.

Auch **Frauenmanteltee** ist krampflösend. Frauenmantel ist eine Pflanze, die es getrocknet in Apotheken zu kaufen gibt.

Bei stärkeren Regelschmerzen (Dysmenorrhö) kann man auch bis zu 3 rezeptfreie **Schmerztabletten** am Tag einnehmen. Lass dich in einer Apotheke beraten, welche gut helfen. Zur Frauenärztin oder zum Frauenarzt solltest du gehen, wenn die Schmerzen während der gesamten Periode anhalten oder so stark sind, dass es dir richtig schlecht geht.

DAS TUT DIR UND DEINEM KÖRPER GUT

Jeder möchte sich in seiner Haut gerne wohlfühlen. Doch in der Pubertät musst du erst mal ein neues Gefühl für deinen veränderten Körper entwickeln. Vielleicht bist du unsicher, was dir jetzt körperlich guttut, wie du dich pflegen sollst und welche Kleidung zu dir passt. Das Aussehen ist für die meisten Mädchen (und auch für die Jungs!) in der Pubertät ein großes Thema und entscheidend für das **Selbstbewusstsein**. Die gute Nachricht: Auch wenn du von Natur aus nicht die Selbstbewussteste bist, kannst du aktiv etwas tun, damit du zufriedener mit dir wirst und bei anderen gut ankommst. Eine positive und gepflegte **Ausstrahlung** ist wichtiger als ein paar Pickel auf der Stirn, ein fitter und gesunder Körper wichtiger als ein Kilo mehr oder weniger auf der Waage.

Doch es geht nicht nur ums Aussehen. Es geht auch um ein **gutes Lebensgefühl** und das hat in der Pubertät sehr viel mit Selbstbestimmung zu tun. Du möchtest von anderen Jugendlichen oder Erwachsenen respektiert werden. Du wünschst dir, dass sie Rücksicht auf dein Schamgefühl und deine Intimsphäre nehmen. Man kann sich nur frei entwickeln, wenn man sicher sein kann, dass die eigenen Grenzen beachtet werden. Und dazu gehört auch, dass du dich gegen sexuelle Übergriffe und anzügliche Bemerkungen zur Wehr setzen kannst.

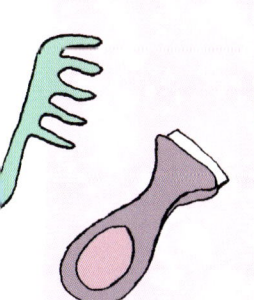

In diesem Kapitel gibt es deshalb **Wohlfühltipps** für Körper und Seele.

Soll ich jeden Tag duschen?

Wenn du **viel schwitzt**, ist es gut, wenn du täglich duschst. Du musst aber nicht den ganzen Körper einschäumen, das trocknet die Haut zu stark aus. Es reicht, wenn du Gesicht, Intimbereich, Achseln und Füße mit Seife oder Duschgel wäschst. Der übrige Körper braucht nur alle paar Tage das volle Programm. Wenn du nicht viel schwitzt, reicht auch eine Dusche alle 2 oder 3 Tage, die restlichen Tage kannst du dich mit einem Waschlappen waschen.

Muss ich den Intimbereich besonders pflegen?

Du brauchst keine besondere Reinigungslotion, das normale **Duschbad** ist **okay**. Wichtig ist, dass du den Intimbereich immer von vorne nach hinten wäschst, damit keine Darmbakterien vom After in die Scheide gewischt werden. Achte darauf, auch die Hautfalten zwischen den Schamlippen gründlich zu reinigen und sorgfältig abzutrocknen.

Welches Deo ist gut?

Für die Achseln gibt es Deodorants (Deos) und sogenannte Antiperspirantien (Schweißblocker). Deos verhindern, dass der Schweiß unangenehm riecht. Es gibt sie mit und ohne Parfümierung. Wenn du eine empfindliche Haut hast, kannst du ein Deo ohne Farb- und Konservierungsstoffe kaufen. Antiperspirantien hemmen mit bestimmten chemischen Substanzen die Schweißbildung. Sie können die Haut reizen, deshalb solltest du sie nur ausprobieren, wenn du extrem stark schwitzt. Für den **Intimbereich** brauchst du kein Deo, tägliches Waschen genügt. Und auf keinen Fall darfst du Deo in die Scheide sprühen, das kann zu Entzündungen führen.

Was hilft gegen fettige Haare?

In der Pubertät bilden die Talgdrüsen in der Haut und Kopfhaut mehr Fett. Dagegen kann man wenig machen. Es gibt zwar Shampoos speziell gegen fettige Haare, aber manchmal trocknen sie die Kopfhaut und die Haare zu stark aus. Am besten wäscht du die Haare mit einem **milden Shampoo** – so oft, wie du es für nötig hältst. Wenn deine Haare stark fetten, kannst du sie ruhig jeden Tag waschen.

Ist Seife schlecht für die Haut?

Nicht unbedingt. Viele vertragen Seife sehr gut. Allerdings ist es für empfindliche Haut oft besser, wenn man sie mit einer **Waschlotion** mit sogenanntem saurem ph-Wert reinigt (das greift die natürliche Schutzschicht der Haut weniger an, die auch eher „sauer" ist). Das Gesicht am besten nach dem Waschen mit Gesichtswasser etwas entfetten, wenn die Haut sehr fettig und unrein ist.

Was kann ich gegen Pickel tun?

Am besten benutzt du jeden Tag Reinigungs- und Pflegeprodukte für unreine Haut. Falls du eine Gesichtscreme benutzt, muss sie für fettige und unreine Haut geeignet sein. **Mitesser** kannst du vorsichtig mit sauberen (!) Fingern ausdrücken. Aber Vorsicht: Wer zu stark quetscht, bekommt erst recht Pickel. An entzündeten Eiterpickeln nicht herumdrücken. Du kannst einen **Eiterpickel** mit einer sauberen Nadel vorsichtig aufstechen und danach mit einem Wattepad abtupfen, das mit alkoholhaltigem Gesichtswasser getränkt ist. Wenn du die Pickel nicht selber in den Griff bekommst, solltest du zu einem Hautarzt gehen.

Beine, Achseln, Intimbereich: rasieren oder nicht?

Mal ist Rasieren angesagt, dann liegt wieder „naturbelassen" voll im Trend. Beine oder Achseln kannst du mit einem **Nassrasierer** unter der Dusche rasieren, am besten schäumst du dafür die Haut vorher mit Duschgel ein. Beim Rasierer kommt es nicht so sehr auf die Marke an. Viel wichtiger ist es, dass du die Klingen häufig wechselst. Ob du den Intimbereich rasieren möchtest, ist **Geschmackssache**. Die Haut ist dort empfindlich, man kann sich leichter schneiden oder es entstehen Pickel und Entzündungen, die jucken und brennen. Du solltest dich jedenfalls nicht zum Rasieren drängen lassen, nur weil es angeblich alle tun.

Was hilft gegen Mundgeruch?

Wer **gepflegte, gesunde Zähne** hat, bekommt normalerweise keinen Mundgeruch. Du solltest dir 2-mal am Tag die Zähne putzen. Und außerdem jeden Tag **Zahnseide** benutzen, damit kannst du Speisereste besser aus den Zahnzwischenräumen entfernen. Wenn du trotz guter Zahnpflege aus dem Mund riechst, solltest du erst einmal deine beste Freundin oder deine Familie fragen, ob sie das auch finden. Denn manche Mädchen glauben aus lauter Unsicherheit, dass ihr Atem nicht frisch riecht. Wer wirklich Mundgeruch hat, sollte zum Zahnarzt gehen.

Wie vermeide ich Stress im Bad?

Du brauchst jetzt wahrscheinlich deutlich **länger** im Bad als früher. Und das gibt oft Ärger mit Eltern und Geschwistern. Bitte doch deine Eltern, dir einen **großen Spiegel** für dein Zimmer zu schenken. Dort kannst du dich nach dem Duschen und Zähneputzen in aller Ruhe fertig machen: eincremen, Haare föhnen, Wimpern tuschen – eigentlich alles, wofür man kein Waschbecken braucht.

Wie viel Schlaf brauche ich?

In der Pubertät gehen viele Mädchen erst **spät** ins Bett: lesen, chatten, skypen, noch schnell das Facebook-Profil auf den neuesten Stand bringen – und schon wieder ist es so spät! Vielleicht ist dir nicht klar, dass Jugendliche ungefähr 9 Stunden Schlaf pro Nacht brauchen. Kein Wunder, dass du morgens so schwer aus dem Bett kommst, oder? Versuch doch, wenigstens ein paar Mal pro Woche **lange genug** zu **schlafen**. Dann fühlst du dich nicht nur fitter; es ist auch erwiesen, dass ausgeschlafene Schüler bessere Noten schreiben.

Bin ich zu dick?

Viele Mädchen fühlen sich zu dick, obwohl sie schlank oder sogar richtig dünn sind. Andere haben tatsächlich ein paar Pfund zu viel, machen eine Diät – und dann wird das Abnehmen plötzlich zum Kick und jedes Kilo Gewichtszunahme zum persönlichen Misserfolg.

Dabei braucht dein Körper in der Pubertät **sehr viel Energie**, um zu wachsen und sich zu entwickeln. Wenn du ständig hungerst, fehlen wichtige **Nährstoffe**, zum Beispiel für den Knochenaufbau. Der Körper arbeitet auf Sparflamme, du bist schnell erschöpft und hast zu nichts mehr Lust. Manche Mädchen geraten allmählich sogar in eine Magersucht (Anorexie). Sie hungern immer weiter, obwohl sie schon viel zu dünn sind. Das ist eine schwere Krankheit, jedes 10. Mädchen mit Anorexie stirbt daran. Auch die sogenannte Bulimie ist eine ernste Erkrankung; hier übergeben sich die Betroffenen heimlich nach dem Essen, damit sie dünn bleiben.

Manche Mädchen sind aber tatsächlich zu dick. Wenn du unsicher bist, ob du abnehmen solltest, kannst du die Kinderärztin oder den Kinderarzt fragen. Beim Abnehmen helfen ein paar **ganz einfache Regeln**: viel Bewegung, nur essen, wenn man wirklich Hunger hat, Gemüse und Salat statt Fastfood; Mineralwasser oder Saftschorle statt Softdrinks wie Limo oder Cola.

Wenn du bei dir oder bei einer Freundin bemerkst, dass die Frage „Zu dick oder zu dünn?" zum Problem wird, solltest du Hilfe suchen. Auf Seite 78/79 findest du die richtigen Adressen.

Wie wichtig sind die richtigen Klamotten?

In der Pubertät möchte niemand gerne ein Außenseiter sein. Oft entscheiden zunächst einmal die Klamotten darüber, ob man dazugehört oder nicht. Das ist nicht toll, aber schwer zu ändern. Du musst aber keine teuren Markensachen tragen. Auch mit **Billigmarken** lässt sich der gerade angesagte **Style** verwirklichen.

Was sind Schönheitsoperationen?

Nasenkorrektur oder Busenvergrößerung – es gibt kaum einen Promi, der noch nicht „unter dem Messer", also beim Schönheitschirurgen, war. Oft wird darüber berichtet, als wäre das so etwas Ähnliches wie ein Frisörtermin. Das stimmt aber nicht. Viele dieser Eingriffe sind **ziemlich heftig**, man braucht eine Vollnarkose und es dauert mehrere Wochen, bis alle Nähte verheilt und alle Blutergüsse verschwunden sind. Hin und wieder gehen solche Eingriffe sogar tödlich aus – und das alles für die angebliche Schönheit.

Das tut dir und deinem Körper gut

Wie schütze ich mich vor sexueller Belästigung?

Ob dir etwas zu weit geht, entscheidest nur du. Die **Grenzen** sind bei jedem Menschen verschieden. Manchen Mädchen schmeichelt es, wenn ihnen Jungen Kommentare zu ihrem Aussehen nachrufen, andere fühlen sich bloßgestellt. Es gibt aber Dinge, die auf jeden Fall zu weit gehen, und zwar **ohne Ausnahme**: Wenn dich jemand anfasst, obwohl du das nicht möchtest. Wenn jemand dich auffordert, Nacktfotos von dir ins Internet zu stellen, oder wenn ein Junge dir unaufgefordert peinliche Fotos von sich selbst auf das Handy schickt. Wenn Gewalt im Spiel ist – und das sind nicht nur Schläge oder Vergewaltigungen, sondern auch Festhalten auf dem Schoß oder ein Kuss gegen deinen Willen.

Oft testen Täter erst einmal, wie weit sie gehen können. Das fängt mit „zufälligen" Berührungen an oder mit aufdringlichen Fragen, zum Beispiel ob du schon mal einen Jungen geküsst hast. Du solltest dann ein deutliches Stoppsignal geben, sonst geht es immer weiter. Am besten sagst du ganz klar, was du **nicht möchtest**: „Nehmen Sie Ihre Hand da weg!" oder „Lass mich los!" oder „Ich will das nicht, lass mich in Ruhe!"

Wenn du dich belästigt oder bedroht fühlst, solltest du mit einem Erwachsenen **sprechen**, dem du vertraust. Wenn das schwierig ist, zum Beispiel, weil der Täter ein Verwandter oder Freund der Familie ist, wende dich an eine **Beratungsstelle** (Adressen auf Seite 78/79).

WIE TICKEN JUNGS?

Im Kindergarten oder in der Grundschule hattest du vielleicht nicht nur Freundinnen, sondern warst auch mit Jungen befreundet. Das Geschlecht spielte noch keine große Rolle. Sobald die Pubertät beginnt, ändert sich das: Jungs werden einerseits plötzlich interessanter, andererseits findest du es vielleicht schwierig, unbefangen mit ihnen umzugehen. In der Mädchengruppe fühlst du dich sicherer und von dort aus beobachtest du die Jungs (und einige davon ganz besonders!) mit einer Mischung aus **Neugier** und **Unverständnis**. Warum sind sie eigentlich immer so laut? Und warum müssen sie ständig herumhampeln, sich wichtigmachen oder miteinander rangeln? Manche sagen auch fast nie etwas, jedes Wort muss man ihnen aus der Nase ziehen. Dagegen machen andere ständig freche Bemerkungen. Und einige riechen in letzter Zeit auch ganz schön streng …

In der 5. und 6. Klasse sind viele Mädchen nur genervt von den Jungen, weil diese später in die Pubertät kommen und mit der rasanten körperlichen und seelischen Entwicklung der Mädchen zunächst gar nicht mithalten können. Aber nach einiger Zeit holen die Jungen auf – und dann wäre es vielleicht ganz gut, sie ein bisschen **besser zu verstehen**, oder? Zumal einige der Jungs eigentlich doch ganz **süß** sind!

Absolute Mädchensache

Was passiert bei Jungen in der Pubertät?

Auch die Jungen sind in der Pubertät **unsicher**, weil sich ihr Körper verändert. Penis und Hoden werden größer und dunkler. Der Penis kann ohne Grund steif werden – für die Jungen ist das oft **richtig peinlich**, besonders im Schwimmbad. Nachts haben sie „feuchte Träume" – also einen Samenerguss im Schlaf – und wachen dann mit einer nassen Hose auf. Das ist auch nicht angenehmer, als die erste Regel zu bekommen! Schweißgeruch, Pickel und fettige Haare sind bei Jungen noch ausgeprägter als bei Mädchen – das männliche Hormon Testosteron ist schuld daran. Die ersten Barthaare sprießen, außerdem die Schamhaare rund um den Penis und die Haare unter den Achseln.

Woher kommt der Stimmbruch?

Bei Jungen wächst in der Pubertät der Kehlkopf. Deshalb steht bei Männern der „Adamsapfel" auch stärker vor als bei Frauen. Dadurch wird die **Stimme tiefer**. Bis die Stimme des Jungen sich an die neue Kehlkopfgröße gewöhnt hat, muss er noch ein bisschen üben – und das geht meist nur mit ein paar „Kieksern" zwischendurch.

ADAMSAPFEL

Wie sehen die Geschlechtsteile von Jungen aus?

Einen nackten Jungen oder Mann – oder zumindest Fotos – hast du sicher schon gesehen. Jungen haben nicht nur äußere Geschlechtsorgane, also den Penis und den Hodensack mit den Hoden, sondern auch innere Geschlechtsorgane.

Der **Penis** dient im schlaffen Zustand zum Wasserlassen, bei sexueller Erregung richtet er sich auf und wird steif (Erektion). Die **Vorhaut** bedeckt die empfindliche Spitze des Penis (Eichel). Im **Hodensack** (Skrotum) liegen die beiden Hoden. In den **Hoden** werden Samenzellen (Spermien) und das männliche Geschlechtshormon Testosteron gebildet. Die Samenzellen werden in den Nebenhoden gelagert und bei einem Samenerguss (Ejakulation) von dort durch die Samenleiter in den Penis befördert. Wenn eine männliche Samenzelle eine weibliche Eizelle befruchtet, entsteht ein Baby.

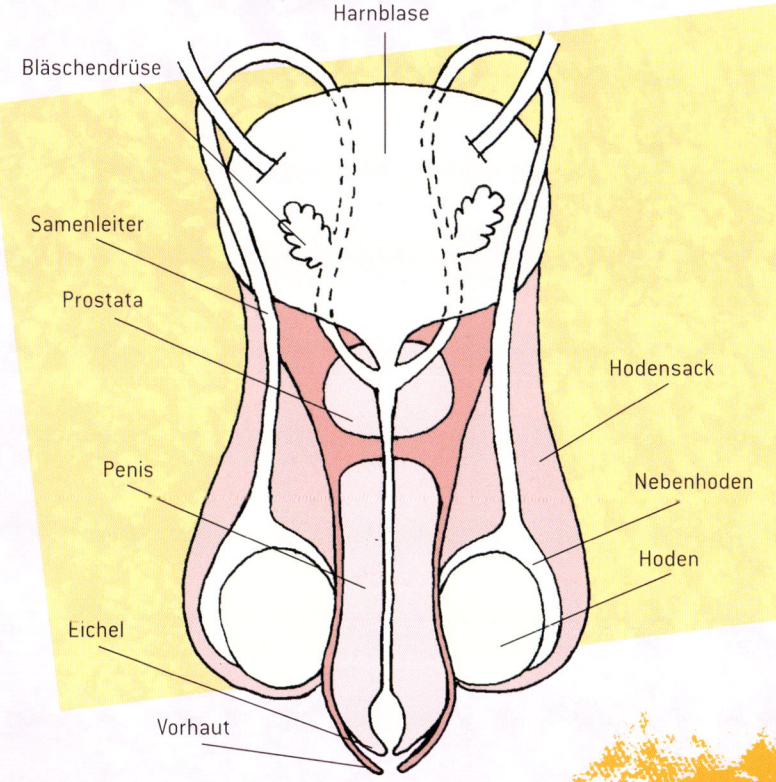

Absolute Mädchensache

Wieso machen manche Jungs immer blöde Sprüche?

COOL, DIE HAARE IM WAFFELEISEN GETROCKNET?

HEY, DUFTER PICKEL!

Wenn du eine neue Frisur hast, kommt garantiert ein Kommentar aus der Jungsecke: „Hey, super Topfschnitt!" Ein Pickel auf deiner Nase, neue Schuhe, ein Stolpern auf der Schultreppe bringen gleich den nächsten Spruch. Ganz zu schweigen von Bemerkungen zu deinem Po oder Busen. **Das nervt!** Natürlich sollst du dir nicht alles gefallen lassen. Aber nimm es ruhig auch ein **bisschen sportlich**: Viele Jungen sind einfach unsicher, wie sie ihr Interesse an einem Mädchen zeigen sollen. Und dann lassen sie irgendeinen Spruch ab, um Aufmerksamkeit zu erregen. Wenn ein bestimmter Junge sich hier besonders hervortut, kannst du ja einmal versuchen, ihn **alleine** abzupassen. Wetten, dass er eigentlich liebend gerne mit dir reden möchte?

Wie zeige ich einem Jungen, dass ich ihn mag?

Indem du dich für das **interessierst**, was er sagt. Wenn er etwas erzählt, kannst du genauer nachfragen und so mit ihm ins Gespräch kommen. Auch ein Kompliment zum neuen Haarschnitt oder coolen Pulli kommt immer gut an. Und ein **nettes Lächeln** ist eigentlich nie verkehrt.

Was finden Jungen an Mädchen gut?

Das ist natürlich unterschiedlich. Die einen stehen mehr auf **stille**, zurückhaltende Mädchen, die anderen mögen es, wenn man ein bisschen vorlaut und **frech** ist. Aber eines hassen die meisten Jungen: wenn Mädchen ein falsches Spiel spielen. Sie tun dann zum Beispiel dem Jungen gegenüber so, als würden sie ihn gut finden – und lästern hinterher mit ihren Freundinnen über ihn. Jungen sind häufig direkter als Mädchen und können es nicht so gut ab, wenn Mädchen sich berechnend verhalten.

Denken Jungs nur an Sex?

Nicht nur – aber **sehr oft**. Ab der Pubertät haben die meisten Jungen häufig sexuelle Fantasien. Sie stellen sich vielleicht die junge Englischlehrerin nackt vor oder sie träumen davon, ein bestimmtes Mädchen aus der Klasse zu küssen. Viele Jungen schauen auch gerne Fotos von nackten Frauen oder Sexfilme im Internet an. Ein Junge ist nicht unnormal, wenn er viel an Sex denkt. Solange sich alles in seinem **Kopf** abspielt und er kein Mädchen gegen seinen Willen belästigt, darf er denken, was er will.

LIEBE UND SEX

Schon immer konntest du manche Mädchen und Jungen besser leiden als andere, du hast sicher auch richtig enge Freunde und Freundinnen. Aber plötzlich ist alles anders: Ein bestimmter Junge (oder vielleicht auch ein bestimmtes Mädchen) geht dir nicht mehr aus dem Kopf. Dazu kommt dieses ungewohnte **Kribbeln im Bauch**: Was ist das nur, diese unbestimmte Sehnsucht nach größtmöglicher Nähe, nach Körperkontakt? Willkommen im Club! Du hast dich zum ersten Mal verliebt. Liebe ist etwas anderes als Freundschaft. Wer verliebt ist, dem reicht es nicht, möglichst viel Zeit mit Freund oder Freundin zu verbringen und etwas zusammen zu unternehmen. Da ist mehr: ein körperliches Verlangen und sexuelle Lust beim Gedanken an den eigenen und den anderen Körper.

Sexuelle Lust ist wie eine große **Vorfreude**, eine Spannung. Dein Körper sehnt sich nach der Berührung eines anderen Körpers. Du spürst, dass sich eine Erregung aufbaut, die sich entladen möchte. Zuerst stellst du dir nur vor, wie ein Junge (oder ein Mädchen) dich küsst, sanft umarmt und streichelt. Dann möchtest du mehr. Wirkliche Berührung, Schmusen und Knutschen. Irgendwann möchtest du dann auch mit deinem Freund (oder deiner Freundin) schlafen. Aber lass dir Zeit: Liebe und Sex sind eine lange Entdeckungsreise – und unterwegs kannst du **viel Schönes** erleben.

Absolute Mädchensache

Kann man Sex lernen?

Tiere lesen keine Aufklärungsbücher und wissen trotzdem, was sie tun müssen, um Junge zu bekommen. Auch Menschen wissen von Natur aus, wie das geht: Den Penis in der Scheide reiben, bis es zum Samenerguss kommt. Aber das alleine hat ja wenig mit Liebe, mit Zärtlichkeit, mit Vertrauen und Freude am Sex zu tun. Damit Sex mit einem anderen Menschen für dich zu einem schönen Erlebnis wird, solltest du möglichst viel dazu in Erfahrung bringen. Und dir vor allem **viel Zeit** nehmen, um dich heranzutasten und auszuprobieren, was dir gefällt!

Ist Selbstbefriedigung normal?

Viele Mädchen mögen es, sich zwischen den Beinen zu streicheln und den Kitzler zu liebkosen, bis die immer größere Erregung sich in einem Orgasmus, einem lustvollen Zucken und wunderschönen Wärmegefühl im Unterleib, entlädt. Das nennt man Selbstbefriedigung, masturbieren oder onanieren. Das ist **völlig normal** und hilft dir, deinen Körper kennenzulernen und auszuprobieren, was dich sexuell erregt. Es ist aber auch okay, wenn du keine Lust dazu hast. Nur du bestimmst, was dir Spaß macht.

Bin ich richtig verliebt?

Hier ist der **Test**: Wenn du alle Fragen mit Ja beantwortest, hat es dich wirklich **erwischt!**

- Denkst du fast die ganze Zeit an einen bestimmten Jungen oder an ein bestimmtes Mädchen?
- Machst du dir Gedanken, ob du ihm oder ihr gefällst?
- Bist du enttäuscht, wenn er oder sie dich nicht beachtet?
- Bist du total verlegen, wenn du mit ihm oder ihr alleine bist?
- Würdest du ihn oder sie gerne berühren oder küssen?
- Macht dein Herz einen Sprung, wenn er oder sie dir in die Augen schaut?

Wie geht Küssen?

Ein schöner Kuss ist ein **Spiel**, bei dem du gibst und nimmst. Taste dich langsam heran. Öffne deine Lippen. Wie weit möchtest du gehen? Gib eindeutige Signale, ob du nur eine sanfte Berührung der **Lippen** möchtest oder ob du es schön findest, wenn eure **Zungen** miteinander spielen. Lasst euch viel Zeit!

Absolute Mädchensache

Liebt er mich auch?

Wenn du die folgenden Fragen mit Ja beantworten kannst, spricht einiges dafür, dass dein **Schwarm** auch in dich verliebt ist.

- Sucht er oder sie deine Nähe?
- Hat er oder sie einen ganz besonderen Ausdruck in den Augen, wenn eure Blicke sich begegnen?
- Gibt es „zufällige" Berührungen, bei denen es zwischen euch knistert?
- Ergreift er oder sie deine Partei, wenn du Ärger mit anderen hast?
- Wirkt er oder sie verlegen, wenn ihr irgendwo alleine seid?

Was ist Petting?

Schmusen, knutschen, streicheln, küssen – alle **körperlich erregenden Berührungen**, bei denen der Penis des Jungen *nicht* in die Scheide eingeführt wird, bezeichnet man als Petting. Das können ein zartes Knabbern am Ohrläppchen sein, ein sanftes Streicheln des Busens, aber auch viel weitergehende Berührungen. So kann ein Mädchen zum Beispiel den Penis ihres Freundes drücken und streicheln, bis er „kommt", also einen Orgasmus mit Samenerguss hat. Oder der Junge streichelt das Mädchen zwischen den Beinen oder saugt sanft an ihren Brustwarzen. So findet ihr mit der Zeit heraus, was euch am meisten Lust macht.

Was sind „erogene Zonen"?

Wenn erogene Zonen berührt und gestreichelt werden, fühlt sich das besonders **lustvoll** an. Sehr empfindsam sind zum Beispiel die Innenseiten der Oberschenkel, die Ohrläppchen, der Hals und ganz besonders der Kitzler bei Mädchen und die Eichel am Penis von Jungen. Probiert es einfach aus. Wenn es zwischen euch knistert, ist der **ganze Körper** eine erogene Zone! Dann kann schon ein leichtes Streicheln über den Arm wohlige Schauer durch deinen Körper jagen.

Wie weit möchte ich schon gehen?

Mädchen sind häufig zurückhaltender als Jungen, wenn es um immer intimere körperliche Berührungen geht. Jungen sind schnell erregt und möchten dann oft weiter gehen als Mädchen. Während du vielleicht am liebsten nur küssen möchtest, schummelt sich plötzlich die Hand des Jungen unter deinen Pulli und auf deinen Busen. Oder er drängt sich an dich, und du spürst den steifen Penis durch die Hose. Kann sein, dass dir das Angst macht, wenn du selber noch nicht so weit bist. Mach deinem Freund klar, dass er auf **deine Signale** achten muss und dich nicht überfallartig bedrängen darf. Wenn er dich liebt, wartet er, bis du so weit bist. Wer keine Rücksicht nimmt und kein Verständnis dafür hat, ist nicht der Richtige!

Wie kann ich Nein sagen?

Mädchen trauen sich oft nicht, Nein zu sagen, wenn ihnen sexuelle Berührungen zu weit gehen. Sie haben Angst, für verklemmt gehalten zu werden. Oder sie sind verliebt in den Jungen und haben Angst, ihn zu verlieren, wenn sie nicht mitmachen, worauf er Lust hat. Besonders schwierig ist es, wenn man schon ziemlich weit gegangen ist, zum Beispiel beim Petting zusammen auf dem Bett liegt. Jungen möchten dann oft endlich „richtig" miteinander schlafen. Aber: Du darfst jederzeit die **Notbremse ziehen!** Wenn er deine Körpersignale nicht versteht, musst du eindeutig werden: „Ich möchte das nicht, hör auf." Vielleicht ist er dann enttäuscht. Bitte ihn, beim nächsten Mal besser darauf zu achten, ob du ihm körperlich entgegenkommst oder dich eher zurückziehst.

Kann man durch Petting schwanger werden?

Es ist **sehr unwahrscheinlich**, aber nicht ausgeschlossen. Normalerweise passiert es nur, wenn man ohne Kondom miteinander schläft. Aber wenn ein Junge beim Petting sehr erregt ist, und einen Samenerguss (Ejakulation) in der Nähe deiner Scheide bekommt, kann etwas Samenflüssigkeit (Sperma) in deine Scheide fließen. Eine andere Möglichkeit: Der Junge hat Sperma an den Fingern und streichelt dich an der Scheide. Also **aufpassen!**

Wie geht das, mit einem Jungen schlafen?

Sex oder Geschlechtsverkehr: Das geht nur, wenn der Penis des Jungen steif ist (er also eine Erektion hat). Das passiert automatisch, wenn der Junge erregt ist. Beim Sex gleitet der Penis des Jungen in die Scheide des Mädchens. Das geht leichter, wenn man die Schamlippen mit den Fingern ein bisschen auseinanderzieht. Junge und Mädchen bewegen sich, sodass der Penis in der Scheide auf- und abgleitet. Das fühlt sich für beide **erregend** an. Für das Mädchen ist es noch schöner, wenn gleichzeitig ihr Kitzler liebkost wird. Nach einer Weile entlädt sich die Erregung häufig in einem Orgasmus.

Was ist so toll an einem Orgasmus?

Der Orgasmus heißt auch sexueller **Höhepunkt** oder ganz einfach „Kommen". Das ist ein **richtig schönes Gefühl**, ein lustvolles Zucken und Wärmegefühl im Unterleib, ein Gefühl von Zerfließen, auf das tiefe Entspannung und Zufriedenheit folgen. Mädchen, die Sex entspannt genießen können, bekommen eher einen Orgasmus als Mädchen, die verkrampft und ängstlich sind. Sex kann auch ohne Orgasmus schön sein, einfach, weil man sich dem anderen ganz nah fühlt. Die meisten Mädchen erleben beim „ersten Mal" noch keinen Orgasmus, sondern erst mit zunehmender Erfahrung.

Absolute Mädchensache

Was heißt „die Unschuld verlieren"?

Das ist ein heute nicht mehr gebräuchlicher Ausdruck, er bedeutet, dass ein Mädchen zum ersten Mal mit einem Jungen schläft, also **„entjungfert"** wird (noch so eine alte Bezeichnung!). Komischerweise sagt man bei Jungen nicht, dass sie ihre Unschuld verlieren. Hier hält sich bei manchen noch die **frühere Vorstellung**, dass Mädchen eine Art Opfer bringen, wenn sie mit einem Jungen schlafen. So wird es bei dir hoffentlich nie sein: Wenn ein Paar verliebt ist und Lust aufeinander hat, ist Sex für beide gleich schön!

Was passiert beim „ersten Mal"?

Ehrlich gesagt: Das „erste Mal" ist ein bisschen überbewertet. Für viele Mädchen und Jungs war es im Rückblick gar nicht so toll. Oft sind beide nervös und verkrampft und das Miteinanderschlafen ist dann nicht so schön wie das Knutschen davor. Auf jeden Fall solltet ihr euch **viel Zeit** zum Schmusen nehmen, bis du richtig erregt bist. Nur dann wird die Scheide schön feucht und der Penis kann leichter eindringen. Und keine Angst: Das dünne Jungfernhäutchen reißt dabei normalerweise ohne Probleme, es blutet oft nicht einmal. Wenn das „erste Mal" nicht so der Hit war, kein Problem! Je besser ihr euch kennt und je mehr ihr ausprobiert, desto schöner wird es.

Kann meine Scheide „zu eng" sein?

Ein steifer Penis sieht ziemlich groß aus, er ist ungefähr 15 Zentimeter lang (aber natürlich gibt es Unterschiede zwischen den Jungs). Deine Scheide ist auf jeden Fall **dehnbar genug** für jede Penisgröße. Wenn du das Gefühl hast, dass sie zu eng ist, bist du zu wenig erregt und zu trocken in der Scheide. Nehmt euch genügend Zeit für das Vorspiel, damit deine Scheide **feucht** wird.

Was sind Stellungen?

Wenn man miteinander schläft, kann zum Beispiel der Junge auf dem Mädchen liegen oder umgekehrt. Der Junge kann auf dem Rücken liegen und das Mädchen sitzt auf ihm; oder er hält das Mädchen auf seinem Schoß. Oder der Junge steht und das Mädchen schlingt die Beine um ihn – **und, und, und** … Die meisten Paare haben aber zwei oder drei Stellungen, die ihnen am besten gefallen. Am **Anfang**, wenn ihr noch nicht so erfahren seid, gleitet der Penis oft am leichtesten in die Scheide, wenn du auf dem **Rücken** liegst (am besten mit einem Kissen unter dem Po), die Beine aufstellst und der Junge sich auf dich legt.

Wie können wir verhüten?

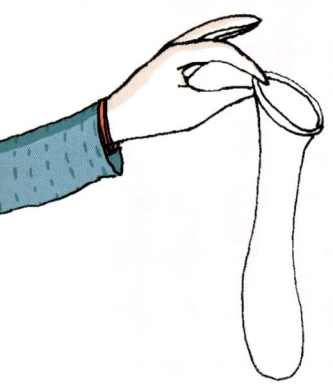

Schwanger werden kannst du schon beim „ersten Mal". Deshalb solltest du vorher unbedingt mit deinem Freund die Verhütung regeln! Es gibt dazu sehr gute **Informationen im Internet** (Adressen auf Seite 78 / 79). Du kannst mit deinem Freund auch zum Frauenarzt oder zu einer Beratungsstelle wie pro familia gehen, um mehr über Verhütung zu erfahren. Es gibt eine ganze Reihe von Methoden, die unterschiedlich sicher sind. **Gut für Anfänger** sind Kondome und die Pille. **Kondome** gibt es in jedem Supermarkt, sie sind nicht teuer. Da sie gleichzeitig vor ansteckenden Krankheiten schützen, sind sie ein „Muss" in jeder neuen Beziehung. Probiert Kondome aus, bevor ihr zum ersten Mal miteinander schlaft. Ein Kondom wird über den steifen Penis gerollt. Wie das geht, steht auf einem Zettel in der Packung. Wichtig ist, dass der Junge das Kondom festhält, wenn er den Penis aus der Scheide zieht, damit es nicht abrutscht. Und da sind wir bei einem Problem: Gerade Anfänger stellen sich manchmal ungeschickt mit Kondomen an, und dann ist die Verhütung nicht so sicher. Du kannst aber zusätzlich die **Pille** nehmen, sobald ihr regelmäßig miteinander schlaft. Das sind Hormone, die den Eisprung verhindern. Verhüten mit der Pille ist **sehr sicher**.

Andere Verhütungsmethoden sind zum Beispiel Spirale, Temperaturmessung, Diaphragma, Hormonringe für die Scheide und Hormonstäbchen, die unter der Haut eingepflanzt werden. Sie sind normalerweise nur für erwachsene Frauen geeignet. „Aufpassen", also den Penis vor dem Samenerguss aus der Scheide ziehen, ist übrigens völlig ungeeignet!

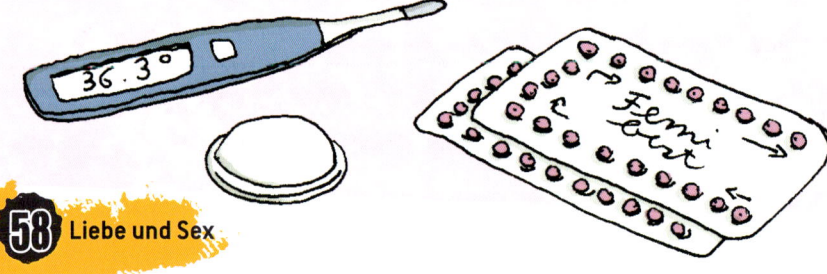

Liebe und Sex

Bin ich vielleicht lesbisch?

Vielleicht hast du eine beste Freundin, mit der du gerne kuschelst oder Händchen hältst. Möglicherweise habt ihr euch auch schon geküsst. Mädchen haben normalerweise **mehr Körperkontakt** mit ihren Freundinnen als Jungen untereinander. Vielleicht gehst du auch mal weiter und streichelst zum Beispiel den Busen deiner Freundin. Wenn du das schön findest, bist du nicht unbedingt sexuell nur an Mädchen interessiert. Häufig sind solche intimen Kontakte unter Mädchen nur eine Phase, und später überwiegt dann das Interesse an Jungen. Wenn du aber über längere Zeit sexuelle **Gefühle nur für Mädchen** hast und dich gar nicht für Jungen interessierst, ist es denkbar, dass du lesbisch bist.

Lesbische Gefühle: geheim halten oder offen zeigen?

Das ist eine **schwierige Frage**. Zwar gehen die meisten Menschen heute offener als früher mit Homosexualität — also der Liebe zum gleichen Geschlecht — um, aber wer sich als schwul oder lesbisch outet, riskiert immer noch, gemobbt und ausgegrenzt zu werden. Für die eigenen Eltern ist es oft auch nicht leicht, offen zu einer lesbischen Tochter zu stehen. Wenn du glaubst, dass du lesbisch bist, solltest du dich zunächst **genauer informieren**, auf Seite 78/79 findest du entsprechende Anlaufstellen. Dort kannst du auch mit anderen lesbischen Frauen sprechen und dich **beraten lassen**.

Absolute Mädchensache

Kann Sex krank machen?

Sex ist schön – aber nicht immer ungefährlich. Im Sperma oder in der Scheidenflüssigkeit können **Krankheitserreger** sein, die von einem Menschen auf den anderen übertragen werden. Von HIV, dem gefährlichen Virus, das die Immunschwächekrankheit AIDS überträgt, hast du sicher schon gehört. Es gibt aber noch andere Geschlechtskrankheiten, z. B. Chlamydien- oder Pilzinfektionen, Gonorrhö (Tripper) oder Syphilis. Oft merkt man zunächst gar nicht, dass man infiziert ist, kann aber trotzdem schon andere anstecken. Der beste **Schutz** gegen all diese Krankheiten sind **Kondome**. Nur Paare, die sich schon länger kennen und absolut treu sind, können darauf verzichten.

Was hilft gegen Lippenherpes?

Viele Jugendliche sind davon genervt: juckende, brennende Bläschen an den Lippen, die immer gerade dann kommen, wenn man sie am wenigsten brauchen kann. Verursacht werden sie von übertragbaren Herpesviren – das heißt **Kussverbot**, solange die Bläschen noch nicht abgeheilt sind. Es gibt dagegen Salben in der Apotheke, aber genauso gut hilft es oft, die Bläschen mehrmals am Tag dick mit **Honig** einzureiben.

Ist Ausfluss aus der Scheide normal?

Ab der Pubertät ist es normal, dass ein bisschen weißer oder gelblicher Schleim im Slip landet. Wenn dich das stört, kannst du Slipeinlagen benutzen. Wenn der Ausfluss aber stark ist (sodass du alle 2 bis 3 Stunden eine neue **Slipeinlage** brauchst), wenn er unangenehm riecht oder eher dunkel ist, solltest du zu einer Frauenärztin oder einem Frauenarzt gehen. Denn es könnte eine Krankheit, zum Beispiel eine Pilzinfektion, dahinterstecken.

Wann muss ich zur Frauenärztin?

Alleine die Tatsache, dass du in die Pubertät kommst, ist kein Grund, zu einer Frauenärztin oder einem Frauenarzt zu gehen. Die Pubertät ist schließlich keine Krankheit! Ein Arztbesuch ist aber fällig, wenn du das Gefühl hast, dass **etwas nicht stimmt**. Zum Beispiel kann deine Regelblutung sehr schmerzhaft sein oder du leidest unter Brennen, Jucken und Schwellungen an den Schamlippen oder starkem Ausfluss aus der Scheide. Wenn du mit der **Pille** verhüten möchtest, musst du zum Arzt, denn die ist **verschreibungspflichtig**. Um die Pille zu nehmen, brauchst du mit 15 oder 16 Jahren nicht unbedingt die Zustimmung deiner Eltern, wenn die Ärztin dich für reif genug hält. Ein Arzt darf deinen Eltern gegen deinen Willen auch nichts von dem Pillenrezept erzählen.

Absolute Mädchensache

Was ist ein Blowjob?

Das bedeutet, dass ein Mädchen den Penis des Jungen mit den Lippen oder der Zunge lutscht, leckt oder küsst. Ob dir das Spaß macht, kannst du ausprobieren. Die meisten Jungen finden es sehr schön und erregend, wenn ihre Freundin sie **mit dem Mund liebkost**. Man nennt das auch Oralsex, Fellatio oder „ihm einen blasen". Es geht aber auch umgekehrt: Der Junge kann am Kitzler und den Schamlippen des Mädchens lecken und saugen, das nennt man Cunnilingus (komisches Wort, oder?). Manche Mädchen mögen das sehr, anderen gefällt es nicht so gut.

Was machen Prostituierte?

Prostitution ist **käuflicher Sex**. Das heißt, Männer (meistens) oder Frauen (selten) zahlen dafür, Sex mit Prostituierten zu haben. Weibliche Prostituierte werden (abwertend) auch Nutten, Huren oder Callgirl genannt, männliche Prostituierte heißen Stricher oder Callboy. In Deutschland ist Sex gegen Geld erlaubt, wenn die Prostituierten nicht dazu gezwungen werden und mindestens 18 Jahre alt sind. Zu Prostituierten gehen nicht nur Männer oder Frauen, die keinen Partner haben. Manche wollen hier besondere sexuelle Fantasien ausleben.

Was ist Sado-Maso?

Manche Menschen finden es beim Sex erregend, wenn sie dem Partner Schmerzen zufügen (Sadismus) oder wenn sie selbst Schmerzen erleiden (Masochismus). Sado-Maso ist eine **Spielart der Sexualität**, die befriedigend sein kann, wenn beide Partner sie wollen. Wer das nicht gut oder sogar abstoßend findet, sollte sich nicht überreden lassen, mitzumachen. Für deine Sexualität ist entscheidend, womit *du* dich wohlfühlst.

Warum stehen manche Männer auf Kinder?

Leider gibt es Männer, die die Unschuld und Wehrlosigkeit von Kindern besonders anmacht. Oft sind es Typen, die normalerweise nicht viel zu sagen haben und **Machtgefühle gegenüber Schwächeren** ausleben wollen. Nicht selten ist auch Sadismus im Spiel, also Lust am Quälen. Das ist eine seelische **Störung**, die schwer zu behandeln ist. Wenn Männer Kindern Nacktfotos oder den eigenen Penis zeigen, ist das *nie, wirklich nie* in Ordnung. Wenn du so etwas erlebst oder davon erfährst, musst du es **sofort** einem Erwachsenen **erzählen**, dem du vertraust.

Es gibt viele Bilder oder Filme, die Menschen beim Sex zeigen. Wenn dabei nicht Beziehungen und Liebe, sondern ausschließlich der Sex im Vordergrund steht, nennt man das Pornografie oder Porno. Wer noch keine sexuellen Erfahrungen hat, weiß nicht, wie Pornos einzuschätzen sind. Sieht Sex wirklich *so* aus? Nein – in den meisten Fällen nicht! Bei Pornos werden Schauspieler dafür bezahlt, dass sie etwas **vorspielen**. Die meisten Mädchen finden Pornos eher beängstigend und **abstoßend**. Das kannst du ruhig auch so **sagen** – du bist nicht prüde oder verklemmt, wenn du Pornos nicht gut findest.

Muss ich Pornos gut finden?

Sind Pornos schädlich?

Mal aus **Neugier** Pornobilder oder -filme anzuschauen, ist **nicht schlimm**. Obwohl man das streng nach dem Gesetz eigentlich erst ab 18 darf. Wer regelmäßig Pornos schaut, kann sich aber seelisch verändern. Das ist wie bei der Werbung: Wenn irgendwelche Bilder ständig auf einen einhämmern, wird man davon beeinflusst, ohne es richtig zu merken. Die Gefahr bei Pornos: Irgendwann findet man brutale, gefühllose Sexszenen normal. Und dann verliert man vielleicht das Gefühl dafür, dass Sex am schönsten ist, wenn Liebe und gegenseitiger Respekt im Spiel sind.

Sind Internetfreundschaften wirklich gefährlich?

Nicht, wenn du deine Online-Freunde auch im wirklichen Leben kennst. Oder wenn du mit gleichaltrigen Mädchen chattest. Nur: Weißt du, ob deine Chat-Partnerin wirklich ein Mädchen in deinem Alter ist? Jeder kann im Netz **so tun als ob**. Sei also vorsichtig, welche Informationen du über dich preisgibst. Hinter deiner vermeintlichen „Freundin" steckt vielleicht in Wirklichkeit ein 40-jähriger Mann. Der interessiert sich angeblich auch brennend fürs Reiten oder Volleyballspielen. Das nennt man **„Grooming"**: das Erschleichen von Vertrauen mit dem Ziel der sexuellen Belästigung. Sobald du Vertrauen gefasst hast, schlägt deine vermeintliche „Freundin" vor, den öffentlichen Chatroom zu verlassen und sich privat per Mail oder SMS auszutauschen. Und dann kommen die ersten komischen Fragen: Ob du schon Schamhaare hast? Ob du dich selbst befriedigst? Vielleicht wirst du auch aufgefordert, dich mit der Webcam zu filmen oder Fotos von dir zu schicken. Möglich, dass sich der Mann plötzlich zu erkennen gibt und dir schmeichelt, dass du wunderschön bist. Dann herrscht die höchste Alarmstufe! Spätestens jetzt musst du deine Eltern informieren, am besten aber schon viel früher. Und **niemals** darfst du Netzbekanntschaften deine private Adresse geben oder dich gar alleine zu einem Treffen **verabreden!**

Absolute Mädchensache

DEINE ReCHTE, DEINE PFLICHTEN

Findest du, dass in deinem Leben zu viel verboten und zu wenig erlaubt ist? Das geht den meisten Mädchen und Jungen in deinem Alter so. Vieles möchtest du jetzt selber entscheiden: mit wem du dich triffst, wann du nach Hause kommst, wie lange du am Computer sitzt ... Jede Familie hat ihre eigenen Regeln. Manche Eltern sind strenger als andere. Ob sie dir etwas erlauben, hängt natürlich auch davon ab, was sie dir zutrauen und ob sie dir vertrauen. Hier kommt deine eigene Rolle ins Spiel. Du kannst durch **dein Verhalten** dazu beitragen, dass deine Eltern (und andere Erwachsene wie Lehrer oder Ausbilder) vieles nicht mehr ganz so eng sehen und dir mehr **Freiräume** lassen.

Zum Beispiel: Wenn du abends immer zur verabredeten Zeit zu Hause bist, darfst du nach und nach vielleicht länger unterwegs sein. Wenn du die Sachen erledigt hast, die deinen Eltern wichtig sind (Hausaufgaben, den Hund füttern, Tisch abräumen ...), reagieren sie nicht mehr so sauer, wenn du stundenlang chattest.

Neben den „hausgemachten" Regeln in jeder Familie gibt es aber auch noch Gesetze. Das **Jugendschutzgesetz** regelt, ab wann Jugendliche Alkohol trinken oder rauchen dürfen, wie lange sie abends in einem Club bleiben und ab wann sie bestimmte Filme (mit Sex- und Gewaltszenen) sehen dürfen. Allerdings gelten diese Regeln in der Öffentlichkeit, also außerhalb der eigenen vier Wände. Was deine Eltern dir zu Hause erlauben oder verbieten, dürfen sie weitgehend selbst entscheiden.

Wieso lassen meine Eltern mich abends nicht alleine weg?

Ganz einfach: Weil sie sich Sorgen machen, dass dir etwas passiert. Gerade bei Mädchen ist sexuelle Anmache ein Problem. Tagsüber sind überall Menschen unterwegs, die helfen können. Aber spät abends ist man manchmal fast alleine auf der Straße oder im Bus. Wenn du abends weg möchtest, musst du mit deinen Eltern deshalb vor allem besprechen, wie du **sicher nach Hause** kommst. Vielleicht können dich die Eltern von Freunden mitnehmen? Oder du teilst dir mit deinen Eltern die Kosten für ein Taxi?

Wann muss ich abends zu Hause sein?

Das können deine **Eltern bestimmen**, solange du unter 18 Jahre bist. Nach dem Jugendschutzgesetz dürfen Jugendliche ab 14 zum Beispiel bis 22 Uhr ohne Erziehungsberechtigte ins Kino, Jugendliche ab 16 dürfen bis Mitternacht alleine ins Kino oder in einen Club. Wenn du schon 14 bist, könntest du mit deinen Eltern ausmachen, dass du am Wochenende etwa um 22 Uhr zu Hause bist und ab 16 ungefähr um Mitternacht. Solange du unter 14 bist, ist ungefähr 20 Uhr die richtige Zeit zum Heimkommen. Den vollen Text des Jugendschutzgesetzes findest du in mehreren Sprachen unter www.bmfsfj.de/BMFSFJ/gesetze,did=5350.html.

Deine Rechte, deine Pflichten

Können Erwachsene mir das Rauchen verbieten?

Jugendliche **unter 18** dürfen keine Zigaretten (oder anderen Tabak) kaufen und auch nicht in der Öffentlichkeit rauchen. Ein Wirt in einer Kneipe kann dir verbieten zu rauchen, auch vor der Kneipentür. Er riskiert sonst Ärger mit der Polizei. Erwachsene auf der Straße werden normalerweise höchstens meckern, wenn du rauchst, sie wissen ja, dass du dir jederzeit hinter der nächsten Ecke wieder eine Zigarette anstecken kannst. Deine **Eltern** können dir das Rauchen aber auf jeden Fall verbieten, und auch in der **Schule** kann ein totales **Rauchverbot** gelten.

Ab wann darf ich Alkohol trinken?

Das Jugendschutzgesetz sagt, dass **hochprozentiger Alkohol** (z. B. Schnaps, Alkopops mit Rum oder Wodka) nicht an Jugendliche unter 18 verkauft werden darf. Du darfst solche Getränke auch nicht in einer Kneipe bestellen oder in der Öffentlichkeit trinken. Ab 16 darfst du Bier, Wein und Sekt kaufen und trinken. Unter 16 geht gar nichts, es sei denn, deine Eltern erlauben dir, zum Beispiel bei einer Geburtstagsfeier, ein Glas Sekt zu trinken.

Absolute Mädchensache

Nur 5 Minuten zu spät – wieso ticken Erwachsene dann gleich aus?

Es stimmt schon – 5 Minuten warten ist ja eigentlich nicht so dramatisch. Und wenn du selten zu spät dran bist, hält sich das Gemecker von Eltern, Lehrern oder Ausbildern normalerweise auch in Grenzen. Anders sieht es aus, wenn du praktisch immer ein bisschen zu spät kommst. Sieh es mal so: Du mutest anderen zu, dumm rumzustehen und auf dich zu warten. Wahrscheinlich findest du das selber auch nicht so prickelnd, wenn du diejenige bist, die warten muss. Es gibt zwar Schlimmeres – aber **ein bisschen rücksichtslos** ist das Zuspätkommen eben doch. Und genau das regt die anderen daran auf.

Wie viel Taschengeld steht mir zu?

Zunächst: Deine Eltern müssen dir – vom Gesetz her – kein Taschengeld zahlen. Aber natürlich erhalten Jugendliche **in den meisten Familien** ein wöchentliches oder monatliches **Taschengeld**. In Deutschland bekommen 12-Jährige im Schnitt ungefähr 20 bis 25 Euro im Monat, 14-Jährige um die 30 Euro. Wenn du dir Kleider und Schulsachen selber kaufen musst, brauchst du allerdings mehr.

Deine Rechte, deine Pflichten

Ab wann darf ich jobben?

Für Bekannte den Hund ausführen, Babysitten oder Nachhilfe geben – das darfst du jederzeit. Wenn du aber einen **richtigen Nebenjob** suchst, z. B. Zeitungen austragen, musst du mindestens 13 Jahre alt sein. Du darfst mit 13 und 14 maximal 2 Stunden am Tag arbeiten, allerdings nur mit Zustimmung deiner Eltern. Ab 15 Jahren darfst du unter bestimmten Bedingungen schon 8 Stunden pro Tag arbeiten, z. B. während eines Ferienjobs – aber nicht mehr als 20 Arbeitstage pro Jahr.

Darf mein Freund bei mir übernachten?

Bis zu deinem 14. Geburtstag giltst du als Kind. Deine Eltern können dir Sex und gemeinsame Übernachtungen verbieten. Ab 14 darfst du selbst entscheiden, ob du Sex haben möchtest, aber nur, wenn dein Partner nicht älter als 21 ist. Aber natürlich können deine **Eltern** trotzdem mit einer Übernachtung **nicht einverstanden** sein – und dagegen kannst du wenig machen. Ist dein Freund über 21 und du bist unter 16, kann er sich unter Umständen sogar strafbar machen, wenn er deine „fehlende Reife" ausnutzt. Dann können auch deine Eltern ein Problem bekommen, wenn sie eine Übernachtung erlauben.

Ich wünsche mir ein Tattoo – muss ich meine Eltern fragen?

Meistens sind Eltern nicht einverstanden, wenn Jugendliche sich ein Tattoo stechen lassen wollen. Sie sind überzeugt, dass ihre Kinder das später bereuen werden. Denn wenn das Tattoo einem **nicht mehr gefällt**, ist es sehr schwierig, schmerzhaft und teuer, es weglasern zu lassen. Oft bekommt man es nicht mehr ganz weg und es bleiben lebenslang hässliche Flecken oder sogar **Narben**. Jugendliche unter 18 Jahren dürfen sich nur tätowieren lassen, wenn ihre Eltern einverstanden sind. Ein gutes Tattoostudio wird immer verlangen, dass Mutter oder Vater eine **Einwilligungserklärung** unterschreiben.

Muss ich wirklich im Haushalt helfen?

Es gibt kein Gesetz, in dem geregelt ist, dass Kinder täglich den Müll rausbringen müssen. Aber gerade wenn du kein Kind mehr sein willst und **mehr Verantwortung** für dein Leben übernehmen möchtest, solltest du eigentlich auch deinen Teil dazu beitragen, dass es zu Hause gut läuft. Deinen Eltern macht es genauso wenig Spaß wie dir, Staub zu saugen, das Altglas zu entsorgen oder dreckige Socken einzusammeln. Da ist es doch nur **fair**, dass ihr die uncoolen Sachen untereinander aufteilt, oder?

 Deine Rechte, deine Pflichten

Wieso traut mir niemand etwas zu?

Es stimmt schon: Deine Eltern und andere Erwachsene müssen erst mal lernen, dass du kein Kind mehr bist. Aber kann es sein, dass du manchmal auch ein bisschen verpeilt bist: Sportsachen vergessen, Bus verpassen, Jacke hängen lassen? Dann denken die Erwachsenen natürlich, dass du es nicht auf die Reihe kriegst, wenn du zum Beispiel eine Zugfahrt zu deiner Freundin in einer anderen Stadt planst. Versuch einfach, bei den Kleinigkeiten **im Alltag zuverlässig** zu sein – dann wächst das Vertrauen mit der Zeit von selbst.

Lieben meine Eltern mich überhaupt noch?

In vielen Familien bedeutet Pubertät: Stress und Streit. Die unterschiedlichen Interessen prallen mit Wucht aufeinander und die Vorstellungen über die jeweiligen Rechte und Pflichten liegen weit auseinander. Viele Jugendliche haben dann das Gefühl, dass ihre Eltern ihnen **keinen Spaß gönnen**. Und wenn du mit deinen Eltern schon seit Wochen fast jeden Tag streitest und die meisten deiner Wünsche abgeschmettert worden sind, kommst du vielleicht ins Grübeln: Können meine Eltern mich überhaupt noch leiden? Oder wäre es ihnen am liebsten, wenn ich gar nicht da wäre? Wenn du so denkst, liegst du völlig daneben. Deine Eltern **lieben** dich noch **genauso wie früher**. Und bald werdet ihr euch auch wieder besser verstehen.

Absolute Mädchensache

WAS BEDEUTET ...?
Fachbegriffe kurz erklärt

Anorexie
Magersucht; absichtliches Hungern bis zu lebensbedrohlichem Untergewicht

Aufpassen
Eine „Verhütungsmethode", die nicht funktioniert. Gemeint ist damit, dass der Junge den Penis aus der Scheide des Mädchens zieht, bevor er einen Samenerguss hat.

Bulimie
Ess-Brech-Sucht; absichtliches Erbrechen nach dem Essen, um nicht zuzunehmen

Chlamydien
Krankheitserreger, die beim Sex übertragen werden können

Cunnilingus
Liebkosung von Kitzler und Schamlippen mit dem Mund

Diaphragma
Eine Verhütungsmethode; ein Diaphragma ist eine dünne Haut, die mit einem biegsamen Ring in die Scheide eingesetzt wird.

Dysmenorrhö
Schmerzen bei der Regelblutung

Eichel
Der vordere, besonders empfindliche Teil des Penis

Eileiter
Zwei dünne Röhrchen, durch die Eizellen vom Eierstock in die Gebärmutter wandern

Ejakulation
Samenerguss

Erektion
Das Steifwerden des Penis

Fellatio
Liebkosung von Penis und Hodensack mit dem Mund

Genitalien
Geschlechtsorgane

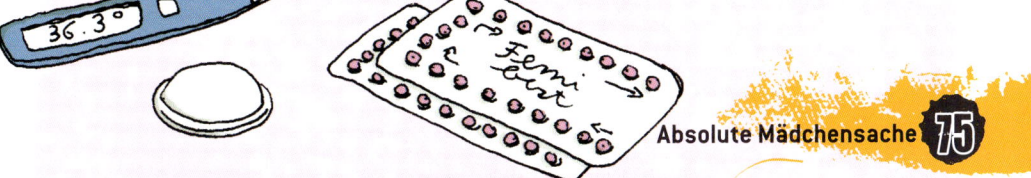

Absolute Mädchensache

Homosexualität
Sexuelle Gefühle und Liebe für das eigene Geschlecht; homosexuelle Mädchen werden als Lesben bezeichnet, homosexuelle Jungen als Schwule.

Hymen
Jungfernhäutchen; eine dünne, nicht ganz geschlossene Haut am Scheideneingang

Klitoris
Kitzler; Teil der äußeren Geschlechtsorgane von Mädchen, der wichtig für die sexuelle Erregung ist

Kondom
Präser, Pariser, Gummi: wird beim Sex zur Verhütung und zum Schutz vor ansteckenden Krankheiten über den Penis gerollt.

Masturbation
Selbstbefriedigung

Menarche
Die allererste Regelblutung

Menstruation
Regelblutung, Periode, „die Tage"

Miteinander schlafen
Geschlechtsverkehr, Liebe machen, Sex haben

Onanieren
Selbstbefriedigung

Orgasmus
Der „sexuelle Höhepunkt"; ein lustvolles Gefühl bei der Selbstbefriedigung oder beim Geschlechtsverkehr; beim Jungen kommt es gleichzeitig zum Samenerguss.

Östrogene
Weibliche Geschlechtshormone

Ovar
Eierstock; in den beiden Eierstöcken werden Eizellen und weibliche Geschlechtshormone gebildet.

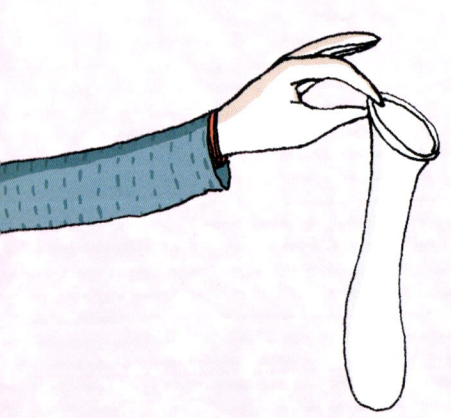

Ovulation
Eisprung; der Moment, in dem eine reife Eizelle den Eierstock verlässt

Periode
Regelblutung, Menstruation, „die Tage"

Petting
Streicheln, schmusen, sexuelle Spiele, bei denen man *nicht* miteinander schläft

Pille
Hormontabletten zur Verhütung, die den Eisprung verhindern

Prostitution
Das Anbieten von Sex gegen Geld

Sado-Maso
Eine besondere Form von Sex, bei der Schmerzen als lustvoll empfunden werden

Schamlippen (Labien)
Die kleinen und großen Schamlippen sind Hautfalten, die den Scheideneingang bedecken

Sperma
Samenflüssigkeit

Spermium
Samenzelle

Spirale
Eine Verhütungsmethode; ein kleines Kunststoffteil wird von einer Frauenärztin durch die Scheide in die Gebärmutter geschoben und verhindert dort mehrere Jahre lang, dass sich eine befruchtete Eizelle einnisten kann.

Testosteron
Männliches Geschlechtshormon, das in den Hoden gebildet wird

Uterus
Gebärmutter

Vagina
Scheide

Vorhaut
Eine Hautfalte, die bei Jungen die Eichel des Penis bedeckt. Sie wird bei einer Beschneidung entfernt.

Vulva
Die äußeren Genitalien der Frau, also Schamlippen, Kitzler (Klitoris) und Scheidenöffnung

Absolute Mädchensache

INFOS UND HILFE IM INTERNET

In Deutschland

www.nummergegenkummer.de
Kinder- und Jugendtelefon „Nummer gegen Kummer": Unter der Nummer (0800)111 0 333 kannst du montags bis samstags von 14 bis 20 Uhr mit allen Problemen kostenlos anrufen. Es gibt auch eine Beratung von Jugendlichen für Jugendliche und eine E-Mail-Beratung.

www.loveline.de
Jugendseite der Bundeszentrale für gesundheitliche Aufklärung. Ausführliche Informationen zu fast allen Fragen rund um Liebe, Sexualität und Verhütung.

www.sexundso.de
Jugendseite der pro familia mit Online-Beratungsangebot und Adressen von Beratungsstellen in vielen Städten

www.zartbitter.de
Anlaufstelle bei sexuellem Missbrauch; Infos in verschiedenen Sprachen

www.youngavenue.de
Kinderschutzseite, die Hilfe gegen sexuelle Gewalt anbietet

www.lambda-online.de
Seite für jugendliche Lesben und Schwule – mit Beratungsangebot

www.bzga-essstoerungen.de
Informationen und Beratung bei Magersucht, Bulimie, Esssucht

www.rauch-frei.info
Informationen für jugendliche Raucher – mit Ausstiegsprogramm

www.null-alkohol-voll-power.de
Infos für Jugendliche zum Thema Alkohol

www.bmfsfj.de/BMFSFJ/gesetze,did=5350.html
Voller Wortlaut des deutschen Jugendschutzgesetzes